TRAITTE
DE LA VENERIE

PAR

Feu Monsieur BUDÉ
CONSEILLER DU ROY FRANÇOIS 1ᵉʳ,
ET MAISTRE DES REQUESTES ORDINAIRE DE SON HOSTEL

Traduict du latin en françois

PAR

LOYSEL ROY DICT REGIUS
SUYVANT LE COMMANDEMENT QUI LUI EN A ESTÉ FAICT À BLOIS
PAR LE ROY CHARLES IX

Publié pour la première fois, d'après le manuscrit de l'Institut

PAR

HENRI CHEVREUL

A PARIS
CHEZ AUGUSTE AUBRY
L'UN DES LIBRAIRES DE LA SOCIÉTÉ DES BIBLIOPHILES FRANÇOIS
RUE DAUPHINE, N. 16

M.DCCC.LXI

TRAITTE DE LA VENERIE

Tiré à 230 exemplaires :

200 *sur papier vergé.*
10 *sur papier vélin.*
10 *sur papier chamois.*
5 *sur papier de chine.*
5 *sur peau de vélin.*

Paris.—Imprimé chez Bonaventure et Ducessois.
55, quai des Grands-Augustins.

TRAITTE
DE LA VENERIE

PAR

Feu Monsieur BUDÉ

CONSEILLER DU ROY FRANÇOIS Ier,
ET MAISTRE DES REQUESTES ORDINAIRE DE SON HOSTEL

Traduict du latin en françois

PAR

LOYS LE ROY DICT REGIUS,

SUYVANT LE COMMANDEMENT QUI LUI EN A ESTE FAICT A BLOIS
PAR LE ROY CHARLES IX

Publié pour la première fois, d'après le manuscrit de l'Institut

PAR

HENRI CHEVREUL

A PARIS

CHEZ AUGUSTE AUBRY

L'UN DES LIBRAIRES DE LA SOCIETE DES BIBLIOPHILES FRANÇOIS
RUE DAUPHINE, N. 16

M.DCCC LXI.

A MON AMI M. E. EGGER

MEMBRE DE L'INSTITUT

J'hésitais à vous adresser cet opuscule, mais je me suis rassuré en pensant qu'en matière de philologie il n'y avait pas de sujet à dédaigner.

Une dissertation du restaurateur des études grecques en France au XVIe siècle pouvait-elle paraître sous un patronage plus honorable que celui de l'auteur de l'Histoire de la Critique chez les Grecs ?

H. Chevreul.

INTRODUCTION

E manuscrit de la traduction de Louis Le Roy que je publie aujourd'hui a été découvert à la Bibliothèque de l'Institut, par M. de Gaulle, élève de l'École des chartes et auteur d'une Histoire, fort estimée, de Paris et de ses environs; M. de Gaulle avait signalé cette découverte à Elzéar Blaze, comme l'indique une note du *Chasseur conteur* [1].

La présente publication a d'autant plus d'intérêt à mes yeux qu'elle se rattache au *Livre du Roy Charles, de la Chasse du Cerf,* dont j'ai donné

---

[1] Voyez *le Chasseur conteur*, édit. 1860, in-12, p. 155, 156, 157.

une édition en 1859, d'après un manuscrit de la Bibliothèque de l'Institut. Pour composer son beau Traité de Vénerie, Charles IX avait chargé des savants de son royaume de rassembler les documents qui pouvaient lui être utiles, et Louis Le Roy, un des érudits les plus distingués et des meilleurs écrivains du xvie siècle, avait ordre de traduire le second livre du *De Philologia* de Guillaume Budé, dédié aux enfants de François Ier, Henri d'Orléans [1] et Charles d'Angoulême, où sont exposés les principes de la vénerie. Charles IX ne traduisait pas lui-même, non, comme le pense Elzéar Blaze, parce qu'il ne savait pas le latin, car l'élève d'Amyot était bon latiniste, mais parce que sa nature nerveuse et l'impatience de son caractère l'éloignaient d'une lecture pénible. Le latin de Budé étant à la fois lourd et diffus [2], il préféra faire traduire le dialogue *de Venatione* par un écrivain

---

[1] Depuis Henri II, père de Charles IX. Le *De Philologia* parut de 1529 à 1530.

[2] Érasme reprochait à Budé son style obscur et peu naturel tant en latin qu'en français. Bayle trouve sa manière d'écrire un peu rude.

habile et exact [1], plutôt que de se livrer à un travail fatigant. Nous voyons dans l'Épître adressée au roi par le traducteur, que Charles tout roi qu'il était, ne dédaignait pas la gloire littéraire, puisqu'il chargea ce même Le Roy de *translater* du français en latin son livre *De la Chasse du Cerf,* afin de le répandre dans toute l'Europe, vœu qui ne fut point accompli, probablement à cause de la mort du prince.

Le *Traitte de Venerie* de Budé est plutôt une dissertation élégante en forme de dialogue sur la chasse du cerf qu'un traité proprement dit. En 1564, Jean Thierry le reproduisit par extrait à la suite de son dictionnaire français-latin sous le titre d'*Excerpta de Venatione.* Les frères Lallemand le citent dans leur Bibliothèque historique et critique des auteurs *théreuticographes,* qui précède l'édition de 1763 de l'*École de la Chasse aux Chiens courants,* de Le Verrier de la Conterie.

---

[1] Ce choix était d'autant plus éclairé que Le Roy, ayant publié une vie de Budé, avait dû faire une étude particulière de ses écrits.

Le *De Philologia,* dit M. Rebitté dans une belle thèse sur Guillaume Budé[1], « a la forme d'un dia-
« logue entre François Ier et Budé. François Ier ne
« s'y montre pas ennemi des bonnes lettres; il n'a
« rien étudié et rien appris; pourtant un énergique
« sentiment de patriotisme échauffe son âme si
« haute et si libérale; une fois, après souper, on
« lui a lu un morceau de Josèphe, où les Gaulois
« sont bien traités; il en a conclu aussitôt que
« Josèphe est un historien plus équitable que
« Tite Live. Dans un autre endroit, Budé con-
« vient que le français est plus riche que le latin
« en termes de vénerie; mais il se hâte aussitôt
« d'exposer en latin une théorie complète de la
« chasse, afin de prouver que le latin peut suffire
« à tout. Dira-t-on que François Ier, tout igno-
« rant qu'il était, prévoyait mieux que Budé les
« progrès futurs de la langue nationale? Nous
« souscrivons à tous les éloges qu'on voudra lui
« donner pour ce motif. »

[1] *Guillaume Budé,* restaurateur des études grecques en France, Essai historique, par D. Rebitté. Paris, 1846, in-8°, p. 195.

La traduction de Louis Le Roy a une importance réelle au point de vue de l'histoire de la langue française, car cet auteur passe à juste titre pour un des premiers écrivains qui aient donné du nombre et de l'harmonie à notre prose.

Maintenant esquissons les biographies de l'auteur et du traducteur.

Guillaume Budé naquit à Paris en 1467, de Jean Budé [1], seigneur d'Yerre, de Villiers-sur-Marne, Marly et autres lieux, grand audiencier en la chancellerie de France, et de Catherine Le Picart. Son père le confia aux soins d'un précepteur qui lui donna quelques notions de littérature. L'élève était dissipé, et, quand il quitta ses parents pour suivre les cours de l'école de droit d'Orléans, il était peu disposé au travail. Trois années passées loin de sa famille furent sans profit pour lui. De retour à Paris, aussi ignorant qu'il en était parti, il s'adonna avec passion à la pêche, à la chasse, à l'équitation et à tous les plaisirs que peut

[1] Guichenon nous apprend que la famille Budé était une des plus anciennes de la province de l'Ile-de-France.

engendrer l'oisiveté; ce n'est guère qu'à vingt-quatre ans qu'il se sentit le désir de s'instruire et qu'il commença à se mettre à l'étude.

Il étudia les mathématiques sous Jacques Lefèvre d'Étaples, et, en même temps, Fra Giocondo [1], de Vérone, le savant commentateur de Vitruve, lui expliquait les passages les plus difficiles du *De Architectura* à l'aide de dessins. Georges Hermonyme de Lacédémone lui enseigna les premiers éléments de la langue grecque; si ce professeur lui apprit peu de chose, en revanche il prétendait faire payer ses leçons fort cher, plus de 500 écus d'or par an. Budé congédia bientôt cet homme aussi intéressé qu'ignorant : *En somme*, dit-il, *ce maître ne m'apprit que l'alphabet, et sur ce point-là même son enseignement eût pu être meilleur* [2]. Dès ce moment Budé travailla seul sur les textes originaux, faisant chaque jour, selon son expression, *double besogne*. Une application aussi soutenue altéra sa santé, mais son ardeur était si grande que son père ne

---

[1] Fra Giovanni Giocondo, né à Vérone en 1435.
[2] Voyez *Opera Budæi*, t. 1er, p. 362, et Rebitté, p. 145.

put le détourner de ses études; le jour même de son mariage Budé passa trois heures à la lecture de ses auteurs favoris.

Louis Le Roy nous donne les détails suivants sur l'emploi de la journée de Guillaume Budé : En se levant, il se mettait au travail jusqu'à l'heure du dîner, mais avant de se mettre à table, il faisait une promenade pour se donner de l'appétit; après le repas, deux heures étaient consacrées à sa famille et à ses amis, puis il rentrait dans son cabinet, d'où il ne sortait plus que pour souper; comme ce repas se faisait très-tard, il se reposait jusqu'à son coucher. Il habitait Paris ou une maison de campagne à Saint-Maur.

Charles VIII, sachant combien Guy de Rochefort, chancelier de France, avait d'estime pour les vastes connaissances de Budé, l'accueillait avec bonté; plus tard, Louis XII, appréciant la justesse de son esprit, lui confia deux missions diplomatiques en Italie et l'admit à son service en qualité de secrétaire, après lui avoir offert une place de conseiller au Parlement de Paris, honneur qu'il déclina, ne voulant pas d'une position qui l'eût distrait de ses études. Bientôt même il se démit de sa charge de secrétaire, qui, l'obligeant à suivre le roi partout où il allait, lui faisait perdre un temps précieux pour ses travaux.

Quoi qu'il en soit, Budé reparut à la cour quelques années après, ne pouvant se refuser au désir du père des lettres et des arts, François Ier, qui lui avait proposé de l'attacher à sa personne ; dès lors, jusqu'à sa mort il ne cessa d'accompagner son royal protecteur dans presque tous ses voyages. Il était avec lui en 1520 (comme il nous l'apprend lui-même) au camp du Drap d'or; pendant les repas, il l'entretenait ordinairement de quelque sujet de littérature ancienne, sacrée ou profane. Élu, le 16 août 1522, prévôt des marchands de la ville de Paris, le 22 du même mois le roi le nomma un de ses huit maîtres des requêtes, grand honneur à cette époque. La place de Maître de la Librairie fut créée pour lui. C'est sur les instances de Budé et de Jean Lascaris que François Ier établit la bibliothèque de Fontainebleau qui devait s'enrichir en 1544, des livres de cette belle bibliothèque de Blois commencée par Charles d'Orléans et augmentée par Louis XII et son successeur.

L'histoire littéraire ne séparera jamais les noms de Budé, de Jean du Bellay et de Pierre Duchâtel, car, grâce à leurs sollicitations, François Ier fonda le Collége de France, cette institution qui, par les services qu'elle a rendus aux sciences et aux lettres, sera toujours un des plus beaux titres de gloire du vainqueur de Marignan.

Le crédit de Budé ayant porté ombrage au chancelier du Prat, il retourna à ses livres et on ne le revit plus à la cour que dans les rares occasions où les devoirs de sa place de maître des requêtes exigeaient sa présence ; ce ne fut qu'après la mort du chancelier qu'il y revint, attiré par son ami Poyet, successeur de du Prat. Dès ce moment, il ne quitta plus son roi, ce maître bien-aimé.

En 1540, François Ier, pensant éviter les grandes

chaleurs de l'été, fit un voyage sur les côtes de la Normandie. Budé, qui l'accompagnait selon sa coutume, se sentant accablé par les frissons d'une fièvre maligne, regagna Paris, où il mourut au milieu de sa nombreuse famille, à l'âge de soixante-treize ans [1], le 23 août 1540 [2], pendant qu'il était occupé à écrire ses *Forensia*, et, comme dit M. Rebitté, « la mort seule fit tomber la plume des mains de ce savant infatigable. » Conformément à ses dernières volontés, on l'enterra la nuit dans l'église Saint-Nicolas des Champs, afin de dispenser ses amis de cette douloureuse cérémonie.

Voici son testament tel qu'il a été publié par Gabriel Peignot [3] :

[1] Il laissa sept garçons et quatre filles; un de ses fils, Louis Budé, publia, en 1551, à Genève où il était professeur des langues orientales, un psautier traduit de l'hébreu en français; un autre, Jean, fut, en 1558, envoyé avec Farel et Théodore de Bèze auprès des princes d'Allemagne, pour demander leur intervention en faveur des calvinistes de France.

[2] La Croix du Maine le fait mourir le 25 août 1540, Sponde le 20 août, Pierre de Saint-Romuald le 3 août de la même année, le père Garasse en 1539 et de Launoi en 1573. La vérité, dit Bayle, est qu'il mourut le 23 août 1540.

[3] *Testaments remarquables*, t. Ier, p. 192 et suiv.

Gloria Patri, et Filio, et Spiritui sancto, amen.

« Je, Guillaume Budé, etc., ordonne mon corps
« estre inhumé en l'eglise monseigneur Saint
« Nicolas des Champs, à Paris, pour ce que mon
« domicile et maison par moy bastie, *in spem per-*
« *petuæ memoriæ*, y est assise, et que je m'attend
« y mourir, a la fabrique de laquelle eglise je
« laisse douze liures dix sols pour l'ouuerture de
« la terre et son des cloches, durant mon obit et
« le temps d'iceluy. Je laisse au curé ou celuy qui
« tiendra son lieu pendant le dit obit quarante
« sols, et dix sols au clerc de l'eglise. Je veux estre
« porté en terre de nuict et sans semonce (*sans*
« *publicité*), a une torche ou deux seulement, et
« ne veulx estre proclamé a l'eglise, ne a la ville,
« ne alors que je seray inhumé, ne le lendemain;
« car je n'approuue jamais la coustume des cere-
« monies lugubres et pompes funebres. Quoy qu'il
« soit, je defend qu'on en face tant pour ce, que
« pour autres choses qui ne se peuuent faire sans
« scandale, et si je ne veus qu'il y ait ceinture fu-
« nebre a l'entour du lieu ou je seray enterré le

« long de l'année de mon trespas : pour ce qu'il
« me semble estre imitation des cenotaphes, dont
« les gentils anciennement ont usé, combien que
« j'estime la coustume de ce faire a l'entour des
« sepultures des princes et prelats et aux tres-
« grands personnages, dont la memoire se doibt
« celebrer es lieux esquels ils ont eu domination
« ou prelature ou magistrat eminent. Escrit et
« signé le 12 juin 1536. G. Budé. »

C'est ce testament qui fit faire à Mellin de Saint-Gelais l'épitaphe suivante, qui eut un véritable succès :

> Qui est ce corps que si grand peuple suit?
> Las! c'est Budé au cercueil estendu,
> Que ne font donc les clochers plus grand bruit [1]?
> Son nom, sans cloches, est assez espandu.
> Que n'a-t-on plus en torches despendu
> Suiuant la mode accoustumée et sainte?
> Afin qu'il soit par l'obscur entendu
> Que des François la lumiere est esteinte.

On a conclu de son testament que Budé avait dû

---

[1] On trouve quelquefois cette variante :
« Pourquoy n'ont faict les cloches plus grand bruit? »

embrasser la réforme, c'est ce qui nous a décidé à donner cette pièce *in extenso*. *Les prédicateurs du temps,* dit le père Garasse, *prindrent l'affaire au criminel à l'occasion du temps qui commençoit à ressentir le fagot et s'estoit deja abreuué de certaines opinions, car ce fut l'an* 1539 *que Luther auoit embrasé quasi toutes les Allemagnes.*

Ceux qui professent une semblable opinion oublient que si Budé avait quelquefois attaqué les désordres du clergé et de la cour de Rome, il est l'auteur du traité *De Transitu hellenismi ad christianismum* [1]. Ce qui donna quelque force à ces idées erronées, c'est que sa veuve [2] et quelques-uns de ses enfants allèrent, l'année même de la mort de Budé, à Genève, faire profession de foi calviniste.

Guillaume Budé avait une grande réputation

---

[1] Il passe pour avoir été un des juges de l'infortuné Berquin; mais, les pièces du procès étant perdues, c'est là un fait qu'il est difficile de prouver.

[2] Il avait épousé une demoiselle Lelyeur.

d'honneur et de probité; au xviie siècle, on voyait encore sur la maison qu'il habitait à Paris, rue Saint-Martin, ces vers de Juvénal qu'il avait pris pour devise :

Summum crede nefas animam præferre pudori,
Et propter vitam vivendi perdere causas,

vers qu'Andrieux essaye de traduire ainsi : « Croyez qu'il n'y a rien de plus illicite ni de plus honteux que de préférer la vie à la vertu, et de sacrifier à votre existence les fins mêmes pour lesquelles vous existez. »

Budé était dévoué à ses amis, bien que sa santé lui causât souvent des mouvements d'humeur; il se laissa même emporter d'une manière regrettable contre Érasme, qui l'appelait *le Prodige* de la France; après une discussion, Érasme écrivait à Egnatius : *Je ne suis point réconcilié avec Budé, car je n'ai jamais cessé un instant de l'aimer.*

Sa bibliothèque, si on s'en rapporte à sa lettre à Sadolet, devait être peu importante; après sa mort, elle fut acquise par le président de Saint-

André, qui la joignit à la sienne avec laquelle elle passa aux jésuites du collége de Clermont[1].

Il était si absorbé par l'étude, qu'un jour le feu ayant pris à sa maison, il répondit tranquillement à ceux qui l'en avertissaient : *Appelez ma femme, je ne m'occupe pas des affaires du ménage.* Son esprit avait embrassé tout le cercle des connaissances humaines, il excella surtout dans l'étude du grec ; il écrivait cette langue avec élégance, mais son style français et latin est rude, embarrassé de mots et de formes helléniques; Louis Le Roy le trouve d'une compréhension difficile. Tous ses efforts tendaient à répandre le goût de l'histoire et des littératures de l'antiquité ; les érudits étaient sûrs d'avance de trouver auprès de lui protection et encouragement; il fut le grand promoteur des études philologiques. Le grec, qui avait été enseigné à Paris sous Philippe-Auguste avec un certain succès, était presque abandonné à la fin du

---

[1] *Voyez* Boivin, *Académie des inscriptions et belles-lettres*, t. V, p. 354, 355.

xv° siècle et au commencement du xvi°, où les personnes qui s'occupaient de grec ou d'hébreu étaient facilement suspectées d'hérésie.

Sainte-Marthe prononça l'éloge de Guillaume Budé, Louis Le Roy écrivit sa vie en latin [1] sur la demande de Philippe de Cossé, évêque de Coutances. Le grand Scaliger le compare à un phénix qui ne renaît pas de ses cendres et le déclare le *plus grand Grec* de l'Europe.

OUVRAGES DE BUDÉ.

Traduction des traités de Plutarque : *De Placitis Philosophorum*, 1502.—*De Fortuna Romanorum*, 1503,—et *De Tranquillitate animi*, 1505.—*Basilii Magni epistola ad Gregorium Nazianzenum de Vita in solitudine*, 1505.—*Annotationes in Pandectas*, 1508.—*De Asse* [2], 1514, que M. Rebitté appelle un miracle d'érudition et d'intelligence. Un Italien, Léonard Portius, prétendit que Budé lui avait emprunté une grande partie de ce travail sur les monnaies

---

[1] Elle fut publiée en 1540.

[2] Budé publia un abrégé en latin de son traité *De Asse* en 1522; un autre abrégé, en français, sous le titre de *Summaire et Epitome* du livre *De Asse*, fait par le commandement du Roy en 1538, en gothique, dont une nouvelle édition parut en 1550.

romaines; mais le savant français le convainquit de plagiat; un ami commun, Jean Lascaris, les réconcilia. Georges Agricola prétendit aussi l'avoir devancé sur cette matière, dans son traité *De mensuris et ponderibus Romanorum et Græcorum*, qu'il avait publié en 1550, in-folio, et 1553, in-4º.—*Recueil de ses lettres*, 1520.—*De contemptu Rerum fortuitarum*, 1520, date présumée.—*De studio Litterarum recte et commode instituendo*, de 1522 à 1527.—*Annotationes posteriores in Pandectas*, 1526.—*Aristoteles et Philo, De Mundo*; traduction, 1526.—*Commentarii Linguæ græcæ*, dédiés à François 1er, 1529.—*De Philologia*, 1529.—*De Transitu Hellenismi ad Christianismum*, 1534. —*Plutarchi de Virtute et Fortuna Alexandri libri II*, dont la date est inconnue.—*Aristotelis de Meteorologia, latine versa*.—Des Notes *in Ciceronis Epistolas familiares, cum scholiis fere XXX doctorum virorum*, 1557.—*L'Institution du Prince*, avec les annotations de Jean de Luxembourg, 1547.—*Excerpta de Venatione*, à la suite du Dictionnaire français-latin de Jean Thierry, qui comprend : 1º *De Venatione ex posteriore philologia Budæi*.— 2º *De Aucupio et accipitraria ex eodem Budæi libro et prioribus annotationibus in Pandectas*, 1564. — Les œuvres de Budé furent publiées à Bâle en 1557, par Jean Episcopius fils, en 4 volumes in-folio [1].

AUTEURS A CONSULTER.

Louis Le Roy, Scævole de Sainte-Marthe, Estienne

[1] Nous avons suivi dans cette liste l'ordre chronologique, à l'exemple de M. Rebitté.

Pasquier, de Thou, Guichenon, Goujet, le Père Niceron, Boivin, d'Hozier, Chevillard, Blanchard, *Biographie universelle* de Michaud, Andrieux, Saint-Marc Girardin, Rebitté, P. Feugère, *Nouvelle Biographie générale* de Didot (article de M. Isambert).

Louis Le Roy, dit Regius, naquit à Coutances en Normandie, au commencement du xvie siècle, vers 1510, de parents peu aisés. Aussitôt que l'enfance eut fait place à la jeunesse, il quitta la France pour connaître les savants et les pays étrangers ; il séjourna quelque temps en Angleterre et en Allemagne, étudiant les mœurs et la langue des habitants de ces contrées. M. Weiss dit dans la *Biographie universelle* que : « Son désir d'apprendre était « tel, qu'il suivit plusieurs fois des armées en mar- « che, pour converser avec les soldats sur les diffé- « rentes parties de l'état militaire. »

A son retour en France, il fut présenté à Guillaume Budé, qui l'accueillit avec distinction à cause de sa profonde connaissance des auteurs grecs et latins qu'il traduisait avec autant d'exactitude que d'élégance.

Ce savant lui fit obtenir un emploi à la chancellerie ; mais cette position, si honorable qu'elle fût, ne donnait pas à Le Roy des moyens suffisants d'existence et le détournait de ses travaux.

Sa vie de privation et de gêne influa d'une manière fâcheuse sur son caractère ; son humeur altière, son esprit difficile et chagrin, éloignèrent de lui tous ceux qui auraient pu lui être utiles. Joachim du Bellay, qu'il avait souvent critiqué, s'en vengea par les épigrammes les plus sanglantes, qui firent le divertissement de la cour et de la ville.

Comme Le Roy avait écrit, dans un latin des plus élégants, une *Vie de Budé*, qu'il avait soigneusement étudié les ouvrages de cet auteur, dont l'érudition n'est accessible qu'à ceux qui en ont fait une étude spéciale, Charles IX le chargea, en 1572, de traduire le dialogue *De Venatione;* ce fut probablement là son véritable titre à une chaire qu'il obtint cette année même ou la suivante au Collége Royal, sur les instances de Villeroy. Il fut le onzième professeur de grec et le septième de philosophie grecque et latine [1] ; les émoluments de cette position ne suffisant pas à ses besoins, il eut souvent recours aux bienfaits d'autrui, ce qui dut coûter beaucoup à un homme qui n'avait jamais pu supporter de supérieurs. Le corps usé par les souffrances physiques et morales, il s'éteignit à Paris le 2 juillet 1577, « sans regret, dit de Thou, mais pleuré de tous les « savants. »

Antoine de Cotel, conseiller au Parlement de Paris, fit sur sa mort les vers suivants [2] :

Le Roy, c'est un grand cas, veu ton ancien âge,
Ton sçauoir, ton moyen, et que tu es mort vieux,
Que tu n'eus en ta vie un meuble précieux,
Ny certaine maison, n'un poulce d'héritage ;
Que l'un de tes prépoints [3] trotta toujours en gage
Si jamais, comme on dit, tu t'en vis avoir deux ;
Et que tu as toujours esté nécessiteux,
Chétif, sans feu, sans lieu, sans buron [4] ni mesnage.

[1] Il succéda à Lambin.
[2] De Cotel, né à Paris en 1550, publia, en 1578, un volume in-4° où se trouvent les vers que nous donnons, sous ce titre : *Premier livre des mignardes et gayes poësies, avec quelques traductions, imitations et inventions*. Ce recueil n'eut pas de suite. De Cotel traduisit aussi en vers français le XIVe livre de l'*Iliade*.
[3] Pourpoint.
[4] Cabaret, taverne.

La mort doncques, Le Roy, aux autres dommageable,
Te seruant de repos, t'est d'autant profitable
Que tu ne seras plus souffreteux désormais;
Que tu es affranchy de fortune muable
Que tu n'as plus besoin de lict, buffet ni table
Et qu'elle t'a donné demeure pour jamais.

Les principaux ouvrages de Louis Le Roy sont :

G. Budæi Vita cum doctorum epigrammatibus in ejus laudem, 1540, réimprimé en 1575 et 1577 *cum epistola de Francisco Connaro.*—*Oratio in funere Caroli Valesii Aureliorum ducis*, 1552.—*Oratio ad Henricum II Franciæ, et Philippum Hispaniæ, reges, de Pace et concordia nuper inter eos inita*, 1559.—*Ad præstantes hujus ætatis viros Epistolæ*, 1559.—*Ad Reginam Catharinam consolatio in morte hujus mariti*, 1559.—Cinq discours prononcés au Collége Royal.—*Considérations sur l'histoire françoise et universelle de ce temps, dont les merveilles sont succinctement rapportées*, 1562.—*De l'origine et excellence de l'Art politique*, 1567, traité encore intéressant aujourd'hui.—*Exhortation aux François pour vivre en concorde et jouir des biens de la paix, suivie des monarchiques*, 1570.—*Des Troubles et differents advenus entre les hommes par la diversité des Religions : ensemble du commencement, progres, et excellence de la Religion chrestienne*, 1573.—Ces deux ouvrages dénotent chez l'auteur des idées généreuses et d'une saine philosophie.—*De la vicissitude et variété des choses de l'univers*, 1576.—Des traductions du *Timée*, du *Phédon*, de la *République*, du *Symposium* de Platon, de la *Politique d'Aristote*, qui sont toujours estimées et consultées avec fruit, des *Olynthiaques* et des *Philippiques* de Démosthène, de quelques discours d'Isocrate, et de morceaux choisis de Xénophon.—La Croix du Maine lui attribue la traduction du *Traité des Eaux et des Lieux* d'Hippocrate et du livre de Théophraste *sur le Feu et les Vents*.

AUTEURS A CONSULTER.

De Thou, Scævole de Sainte-Marthe, Du Verdier, La Croix du Maine, Boivin, Goujet, Tessier, Weiss (*Biog. universelle*).

H. CHEVREUL.

TRAITTE DE LA VENERIE

EPISTRE

AU ROY CHARLES IXe

S*IRE*,

Ne desirant rien plus que faire seruice agreable a vostre majesté, a laquele je doy toute obeissance, j'ay esté tres desplaisant de n'auoir plus tost satisfaict au commandement qu'il vous auoit pleu me faire, de mettre en françois ce discours de venerie; mais deux ou trois inconuenients de blesseure et de maladie suruenans l'un aprez l'autre, m'ont osté assez longuement le pouuoir et courage de trauailler; telement que jusques a present ne l'ay peu acheuer a mon grand regret et desplaisir. Aussy estant peu expert es affaires et termes de la chasse, ne l'ay pas entrepris en esperance de le dresser en forme deue et digne de vous estre presentée, ains seulement pour vous complaire, entreprenant pour le regard de mon insuffisance plus que ne deuois ou pouuois. D'autant que ne recognois en moy qualité idoine pour m'acquitter de tele charge, fors une bonne volonté, et reuerence perpetuelle a vous pieça. Mais j'ay pris aucunement cœur en l'honorable jugement et election qu'auez faitte de moy entre tant de gens doctes estans aujourdh'uy par la France : afin de representer en latin a toute l'Europe vostre liure de la venerie. Enquoy delibere de trauailler au plustost qu'il sera prest, et y employer tant peu de moyen et d'industrie que Dieu m'a donnée, et propose de trauailler s'il se trouue a poinct en ce beau temps d'esté qui vient, ou les entendemens sont plus esueillez et les volontez promptes a perseuerer au labeur. Mais il est requis que l'œuure me soit communiquée parauant, afin que je puisse entendre voz conceptions, et la matiere qui y est traittée, pour la traduire assez fidelement et proprement, essayant dresser chose non indigne de vostre majesté, ne indecente a vostre grandeur, ny disconuenante a vostre louable dessein. Car, a la verité, c'est merueille en ce temps, qu'un grand roy comme vous escriue liures, et communique ses vertueux exercices aux autres. En soixante roys qui ont regné en France, ne s'est trouué que vous, Sire, qui l'ayt faict jusques a present; et peu d'autres ailleurs l'entreprirent oncques, distraicts comm'il est vraysemblable d'affaires, ou diuertis de plaisirs, ou qu'ilz n'en auoient le moyen ny la volonté. Alexandre le Grand, desirant cognoistre les natures des animaux, donna charge a Aristote d'en escrire, commandant aux veneurs, faulconniers, pescheurs par la Grece et par l'Asie : aux gardes des forests, parcs, lacs, estangs, garennes, volieres, luy admener bestes de toutes sortes, ou faire fidele rapport de leurs proprietez[1]; *mais encore qu'ayez moyen comme luy d'employer les autres, prenez vous mesme la peine d'escrire, et ne voulez communiquer vostre labeur aux seulz François, ains en faire part aux autres n'entendans vostre*

---

[1] Voyez Pline l'Ancien, tome Ier, lib. VIII, § XVII : « Alexandro Magno rege inflammato cupidine animalium naturas noscendi delegataque hac commentatione Aristoteli, summo in omni doctrina viro. Aliquot millia hominum in totius Asiæ Græcæque tractu parere jussu omnium quos venatus, aucupia, piscatusque alebant : quibusque vivaria, armenta, alvearia, piscinæ, aviaria in curra erant : ne quid usquam genitum ignoraretur abeo. — Alexandre le Grand, brûlant de connaître l'histoire des animaux, remit le soin de faire un travail sur ce sujet à Aristote, éminent en tout genre de science; et il soumit à ses ordres en Grèce et en Asie quelques milliers d'hommes qui vivaient de la chasse et de la pêche, et qui soignaient des viviers, des bestiaux, des ruches, des piscines et des volières, afin qu'aucune créature ne lui échappât. » *Trad. de M. Littré.*

langage, par traduction a moy commandée. Entreprise rare et admirable, digne d'un grand prince se voulant preualoir autant par les lettres que par les armes, et perpetuer sa memoire non seulement par haults faicts militaires et bastimens somptueux, mais aussy par les monumens durables des liures. Imitant le mesme Alexandre qui soubhaittoit preceder les autres plus par science, que par puissance. Je vous supplie donc tres humblement, Sire, prendre en gré ce mien labeur tel quel, entrepris par vostre commandement auquel je n'ay peu ny deu desobeir, et le receuoir de vostre facilité acoustumée, et humanité plus que royale, me retenant perpetuellement pour

*subjet et seruiteur
tres humble et tres obeissant
de vostre majesté*

L. REGIUS.

TRAITTE DE LA VENERIE

Discours par dialogue de la Venerie faict en latin par feu Monsieur Budé, en son viuant conseiller du Roy François premier et maistre des requestes en son hostel. Traduict en françois par Loys Le Roy *dict* Regius, *suyuant le commandement qui luy en a esté faict par le roy.*

Le roy François et Budé parlent.

Budé commence :

Sire, l'exercice de la venerie a son origine ancienne, et par noz predecesseurs a esté reduitte en preceptes d'art admirables et plaisans; mais vous l'auez telement dressée et polie, qu'elle semble estre paruenue a sa perfection, et que la posterité ne puisse rien adjouter a voz inuentions, et celles de voz ancestres; car vous auez choisy principalement deux manieres d'exercice, a sçauoir la chasse aux cerfs et aux sangliers, et courir en tournois armé de toutes pieces auec lances a fer emolu et mornées; spectacle non tant dangereux qu'il est en apparence braue et aspre; vous monstrant si addroict es deux, que tous vous y recognoissent tres excellent. Mais que dije en ces ars? attendu qu'en tout ce qu'il vous plaist exercer le corps et l'esprit, et a quelque chose que vous appliquez, le faittes tant dextrement qu'il n'est possible de plus; et quant a ce passetemps de venerie, vous l'auez rendu perfaict et acompli. Je vous ay veu souuent en la presence du roy Loys vostre beau pere, entrer es lices suyui de vostre bande parée de voz couleurs; puis, le tournois finy, en sortant au son de la retraitte, faire bondir en l'air le cheual sur lequel estiez monté, a quoy j'ay pris grand plaisir des mon premier aage, pour l'affection que portois aux cheuaux. Ainsy monté sur le cheual volant, vous teniez autant fermement dessus que si vous eussiez eu les cuysses collées a la selle; alors il me souuient auoir ouy dire d'aucuns, que leur sembliez n'estre homme sur un cheual, ains Hippocentaure, tel que Chrysantas Persien se glorifie estre en la pedie ou institution de Cyrus dressée par Xenophon, estant comm'il dict quelquefois joinct ensemble, puis separable et facile a oster et remettre. Et comme vous soiez si addroict a cheual, quand marchez a pied desarmé ou demy armé, vous ne cedez en belle stature de corps a l'illustre Orion qu'Homere aussy dict auoir esté veneur.—Le roy François. Demourez, Budé, demourez. Par aduanture y aura il occasion de parler de moy ailleurs, et de l'art et addresse a manier cheuaux, en laquele vous estes incontinent saulté, laissant la venerie; car il est à craindre que ce pendant que sortons du propos commencé, que la beste que suyuions ne fuye quelque part, ayans les veneurs ceste coustume de ne laisser la beste premiere destinée, pour prendre la suruenante.— Budé. Sire, je ne pensois estre grande faulte, de me diuertir un peu du principal propos auquel n'estions gueres auancez, pour parler de l'exercice prochaine, attendu que l'escuyrie et venerie ont grande affinité ensemble : comm'il me semble, voiant la noblesse fort curieuse des deux; mais puisque vostre majesté me deffend passer outre, je retourneray au propos commencé. Comme donc se trouuent en cest art de venerie plusieurs cas memorables, en tant que j'ay peu veoir et entendre, certes ce que je diray est principalement a considerer. Sire, vostre coustume est et de voz veneurs, de ne chercher pour courir toutes sortes de cerfs indifferemment, et ne les choisissez poinct qu'ilz ne soient de bonne grandeur et longueur : ce que vous jugez, non par la veue du cerf seulement, mais aussi par les pieds, et par les fumées : lesquelles trouuans les veneurs, ilz les leuent diligemment, et mettent dedans leurs trompes. La grandeur des cerfs se juge aussy par les frayeurs qu'ilz font aux arbres auprez de leurs gistes, aux foulées des feueilles et de l'herbe ou ilz gisent : dont se faict rapport en l'assemblée, par les deputez a faire la queste : et a leur aduis est choisy le cerf pour courir. Tele est la maniere que vous gardez a chercher le cerf, laquele est assez certaine, ou pour le moins ne vous deçoit gueres.—Le roy François. Budé vous diuertissant du premier propos, estes peu a peu procedé si auant, que me semblez auoir delaissé ceste beste grecque fuyarde dont parliez, rencontrant une autre plus a propos. En ce faisant vous estes, sans y penser, tombé de vostre exercice au nostre, auquel je vous estime auoir quelquefois versé. Mais, puis que n'auez craint vous ingerer si auant en nostre mestier, je vous commande continuer, et passer outre a vostre plaisir, usant de digressions comme verrez bon estre, tant que j'entende si vous en parlez par liure et vous y estes rendu disert par lecture, ou si dauantage auez veu de voz yeux quelquefois le progrez et ordre de la venerie.—Budé. Sire, combien que j'aye aucune fois regardé la chasse dedans les toilles, n'estant seulement du nombre des veneurs, mais conducteur de la venerie priuée en laquele nous exercions, toutefois je me suys tousjours recogneu estrange en ce propos, auquel je ne suys tombé a mon escient et deliberement, mais en saultant d'une matiere en l'autre, comme l'on a acoustumé. Parquoy je crains que ne semble faire ineptement, si non en vostre endroict, que d'une maniere plus que ciuile, auez acoustumé prendre en bonne part tout ce que les autres disent deuant vous, asseurez de vostre humanité, aulmoins enuers ceste compagnie, attendu que je parle deuant vous et a vous, et presqu'en lieu egal des choses esqueles par les maistres de l'art vous estes estimé juge perfaict : ainsy qu'il aduint jadis a Phormion, philosophe peripateticien, lequel osant parler deuant Hannibal de l'office d'un capitaine, et des ruses de guerre, fut a bon droict mocqué.— Le roy François. Or sus, Budé, or sus, continuez ce que vous auiez commencé, et n'ayez crainte des assistans, puis que je le vous permetz, et qu'il vous est necessaire obeir a celuy qui, soubs la protection de son authorité et bon plaisir, vous garentira facilement du crime d'ineptie enuers tous. Car je parlay aussy moy mesme quelquefois de voz estudes et autres, sachant bien que par recreation je me mesle d'autre profession, et quand le propos continuant j'en di mon aduis, je n'ignore que ne sois jugé inférieur, et ne m'en desplaict.—Budé. Si tant est, Sire, qu'il y ayt aujourd'huy art aucun celebre, que chacun ne vous estime entendre qui vous aura ouy parler de toutes choses doctement : jaçoit que fuyez plus l'ostentation qu'homme du monde. Mais combien qu'en teles disputes n'ayez acoustumé proferer vostre sentence comme roy ou priué, mais plustost encliner a l'aduis de l'une ou l'autre partie. Toutefois les sçauans et sages entendent assez la meilleure sentence estre la vostre, et digne d'estre suyuie par tous ceux qui ne veulent estre reputez opiniastres; mais, veu qu'ainsy le commandez, je le feray auec crainte, et aprez m'estre excusé, Sire, je me hazarderay par vostre commandement, d'encourir le blasme d'ineptie, puis que l'occasion s'y offre; car je crains qu'en cedant hors saison a la honte, je ne sois reputé lourdault. Ce nonobstant je m'asseureray aucunement en ce que vous ay ouy souuent parler de la venerie, dont me puys porter disciple tel quel. Or sçayje bien qu'en la chasse des bestes vous auez acoustumé de faire tout deuoir de bon veneur, en courant de vistesse incroyable par longs espaces et contre les tours du cerf rusé et experimenté, trouuant promptement des destours. Finablement en trauersant forests, taillis, precipices, buissons, mettez seulement le bras deuant le visage et les yeux, pour vous garder des branches. Ce faisant changez quelquefois de cheual, laissant le las pour en prendre de frais que faittes tenir de relais en certains lieux. A quoy vous estes si duict, que me semblez n'auoir appris cest art par preceptes et exercice, ains auoir eu Diane mesme pour maistresse au mylieu des bois. Je n'entreray poinct es bauges des sangliers, afin de ne me fourrer trop auant au bourbier, combien que je vous aye veu quelquefois a cheual assaillir le sanglier escumant et le tuer de vostre espée, lors que je regardois en lieu seur auec la bande desarmée le passetemps, et estant a cheual enuironnois les toilles, et pouuois veoir par dessus le conflict sans danger. Si est ce que je marcheray auec doubte par la voie que me commandez, et me retireray le plustost que je pourray, soubs votre bon congé comme je m'asseure : car je sçay, Sire, estre laid et quasi deshonneste de faillir en tele compagnie; considerant que, quand l'on parle en court et deuant vous de la venerie ou faulconnerie, des instrumens militaires, et de dresser armées, comm'il fault auoir les

*

termes propres, et entendre exactement ce que l'on dict, auec quel soin, quele discretion et scrupule il y conuient proceder, si l'on ne veult estre reputé impudent et inepte : mesmement a celuy qui n'a esté institué es campagnes, es forests et es armées, qui est la cause que ne puis cheminer librement en ceste voye difficile, et non acoustumée.

Attendu, Sire, que vous entendez la raison entiere de ces ars, et de tous exercices de noblesse en tele perfection, comme si vous n'estiez adonné qu'a une, dont vous parlez en langage tres elegant et intelligible, ayant les oreilles tant delicates, qu'elles ne peuuent passer sans sentiment la moindre faulte encore que la dissimulez.—LE ROY FRANÇOIS. Il n'est ja besoin que vous arrestiez plus a ce propos ; mais conuient que venez a la matiere commencée, et ne nous tenez dauantage suspens : car nous desirons sçauoir si Minerue et Diane peuuent communiquer conuenablement ensemble[1] : ayans entendu quelquefois de vous et autres, qu'aujourd'huy l'oraison latine se monstre encore fort mal aisée en plusieurs parties de la vie, et difficile a manier en escriuant, quand il est question de l'accommoder a

---

[1] Voyez Pline le Jeune, lib. Ier, épist. VI : « Experieris non Dianam magis montibus quam Minervam inerrare. — Vous éprouverez que Minerve se plait autant sur les montagnes que Diane. »

matieres non acoustumées teles que sont les presentes, combien elle est paoure, jaçoit qu'elle ayt honte de le confesser.—BUDÉ. J'estime, Sire, la langue latine assez riche et heureuse, et non tant scrupuleuse a desploier ses richesses, que pour ne l'auoir acoustumé elle est honteuse, quand luy conuient declarer quelque cas occulte, ou s'accommoder a nouuelles choses, comm'il aduient a tout homme bien né d'estre honteux en l'apprentissage de quelque institution.—LE ROY FRANÇOIS. Si ce qu'il me souuient vous auoir ouy dire est vray, il fault que la latinité perde ceste honte qui semble illiberale et maligne, ou qu'elle se desparte de plusieurs parties de la vie, et soit rejettée des jurisdictions, des parlemens, des palais, des eglises, des sermons dont vous monstriez estre desplaisant auparauant : par ainsy, ignorante des formulaires de prattique, du droict diuin et humain, et esloignée des plaisirs de la venerie et faulconnerie apartenans a la noblesse, muete es cours soueueraines, et profane es lieux sacrez, destituée de paroles en toutes les inuentions nouuelles de cest aage, honteuse et estrange es instrumens, ornemens et appareilz de la vie, et es cours des princes, se doit par necessité retirer et, demourant a l'ombrage, parler seulement auec les trespassez et auec les ombres de l'antiquité romaine, si elle ne veult accommoder ses richesses anciennes aux meurs presentes et a nostre usage : ce qu'il fault aduiser de faire sans prejudice de son droict, et sans la diminution de son integrité, et opinion ancienne, comme vous auez tousjours acoustumé de le faire, et y prendre soigneusement garde. Or sus donc, puis que vous vous estes souuent monstré enuers moy fidele et diligent protecteur tant de la langue latine que de la grecque sa parente, et intercesseur liberal et courageux, aprenez nous comment la latinité puisse conuerser entre les veneurs, et parler elegamment et proprement en leurs assemblées.—BUDÉ. Mon asseurance est principalement en ce que je l'entreprens par vostre commandement, que ne puis refuser; en apres, que vous estes tel que j'auois commencé dire et m'esjouyssois d'auoir trouué l'occasion d'en parler, si me l'eussiez permis; finablement que, comme auec ceste heureuse et fertile nature soiez quasi autant expert es ars que sont les autres par discipline et labeur, neantmoins vous vous montrez juge equitable et facile a supporter la faulte et ignorance nostre, et des autres : parquoy, parlant souuent auec vous, il m'est aduis que ne suys vostre inferieur ains egal en propos, puis qu'ainsy par vostre humanité le permettez a moy et aux autres, qui vous ont donné quelque preuue de leur entendement et industrie.

Donques, pour entrer en propos, ceste coustume et maniere se trouue en la venerie, entre ceux qui en font perfaittement profession non afin de fournir la cuysine, ains pour en retirer auec plaisir le profit de l'exercice du corps, asçauoir d'elire pour courir un grand cerf portant pour le moins dix cornettes, que j'appelle beau et eminent. Tel cerf va communement acompagné d'un autre moindre qui n'est encore en pleine liberté que vous appellez son escuyer, et je pense qu'on le puisse nommer son ayde, compagnon, courrier et viandant auec luy. Mais les cerfs encore moindres d'aage, ou solitaires et non aptes a chasser, comme n'ayans attainct le temps d'estre courus sont appelez par vous comme il me semble, de refus. Et quand les veneurs veulent signifier un cerf moyen, ilz disent qu'il est venable et de grandeur venable et apte a chasser mais apprentis et nouueau, disans ceux qui vont quester de ces mots, quand ilz font rapport en l'assemblée, de leur queste faicte deuant le jour et au matin. L'assemblée se faict en quelque beau lieu soubs des arbres, et les veneurs assis a l'herbe estendent la nappe sur les feueilles et la verdure, prenans leur refection prez la table du roy ou du prince, ou ilz deliberent quel cerf doit estre couru entre ceux qui sont rapportez dignes d'estre chassez. L'on a acoustumé de donner diuers quartiers a ceux qui font la queste : en sorte que l'un n'entreprenne sur l'autre pour quester, et trouble son compagnon. Ilz regardent aux alleures du cerf et a la forme du pied : si le lieu est humide de soy, ou s'il a pleu parauant, ou si le terroir est sec a l'oudeur, usans du lymier pour sentir, et tant procedent qu'ilz decouurent par certaines conjectures le lict ou chambre, ou a reposé le cerf. Mais afin que le cerf ne s'estonne par l'approchement du veneur, ou bruyt du lymier, ou quelque autre frayeur comm'il aduient souuent, et se debusche de sa demeure (car jaçoit que telz chiens a grandes oreilles soient de leur naturel muts, toutefois approchans de la beste par ardeur qu'ilz ont ne se peuuent tenir de caqueter et de bruyre). Afin donc que le cerf par tel accident ou inconuenient ne sorte de son giste du matin, et s'esloigne, l'on a acoustumé de faire enceinte au tour, retenant le chien de court par son collier et ne partir de la qu'on ne sache certainement la beste estre dedans le lieu enceint. Ainsy, les officiers de la venerie et sergens de Diane representent en la jurisdiction les grands cerfs comme adjournez, qu'ilz appellent enceindre et arrester. Et si cela n'est faict curieusement, et diligemment quand l'on vient a chasser, les veneurs et les chiens y sont souuent deceuz. Au regard de vous, Sire, j'entens qu'y procedez en tele maniere.

Aprez le rapport des deputez a faire la queste, quand, par l'aduis de l'assemblée, un ou deux grands cerfs sont choisis pour le passetemps de ce jour, vous adjoutez quelquefois la chasse de l'apres disnée a celle du matin, pourtant que vous auez plusieurs meutes de chiens, et double equippage de venerie. Adonc l'on se rend au lieu destiné ou, de rechef, est monstré l'indice du giste par le lymier retenu de sa longe ou lesse de son collier qui impetueusement excite la beste, que l'on appelle a mon opinion, lancer. Puis les chiens sont laschez, et le signe donné de la chasse commencée, par le son des trompes, pour les resbaudir et encourager. Ceux de relais sont laschez es passages ou ilz doyuent succeder aux las s'il est besoin, et les autres meutes reseruées entieres a l'apres disnée. Le cerf choisy est pressé par les chiens courans, par les picqueurs, par le son des trompes, par le cry des veneurs et bruyt des abbais. Et si, par aucun accident, il aduient qu'auant la chasse commencée, le questeur rapporte n'estre asseuré, le passetemps est remis au lendemain, et le cerf reseruré : car il n'eschoit gueres, qu'il puisse longuement euiter le spectacle et combat. Et quand ores par l'indisposition du temps, ou quelque graue empeschement il eschaperoit, si est ce qu'au premier jour il est recouuert et poursuyui vigoreusement et opiniastrement. Mais, ce que j'auois commencé a dire, est admirable, que ce grand et beau cerf destiné a la chasse, aprez qu'il est deliuré aux chiens expers pour le lancer, ilz le suyuent de tele maniere, qu'ilz cognoissent tous les autres leur estre deffendus. Souuentefois, au mylieu des forests, ilz tombent en diuerses erres principalement ou les compagnies des bestes sont libres par les ordonnances sur le faict des eaues et forests. Quelquefois l'on fault au commencement de la chasse, et ordonne l'on mal la course, quand les chiens sont deceuz, en la maniere qui s'ensuyt. Nous auons dict parauant que le grand cerf rusé faict marcher l'autre cerf son compagnon, maintenant aprez luy, maintenant deuant, que vous appelez son escuyer, comme luy seruant, et le met au deuant des chiens, en leur donnant le change se defaisant d'eulx. Le veneur experimenté aperceuant teles ruses et horuaris [1], pour retarder l'impetuosité des chiens, il les rompt, c'est a dire qu'il arreste leur course mal commencée. La meute retenue par sons et cris furieux et rudes, l'on requeste de rechef, et retourne l'on auec le lymier pour chercher les erres et brisées du cerf, et le reclamer, lequel se voiant sur-

---

[1] Horuaris, hourvaris. On dit qu'il y a *hourvari*, quand les chiens tombent à bout de voie; alors les veneurs retournent et leur crient : Hourvari, chiens! au retour!

pris, fuyt premierement et use de ses ruses, puys est pressé de toutes pars par les chiens et par les picqueurs sonnans de leurs trompes : tant qu'eschaufé et mal mené il rende les abbais, qui est la fin et yssue du passetemps.

Aprez lesqueles paroles, je pensois auoir acheué, et deliberois tourner ailleurs le propos, mais le roy me dict, qu'il falloit arrester icy dauantage, par ce que je laissois trop tost la beste, comme ja tuée et morte : car, par aduanture, luy reste il encore beaucoup de vie, pour reprendre la course. Pressez la donc, afin qu'elle ne recouure de rechef son haleine, et ne nous donne nouuelle peine.—Budé. Sire, ayant desja parlé longuement de ceste affaire par digression et incidemment, je suys contrainct toucher des principaux poincts, ne pouuant, a faulte de paroles, satisfaire a la varieté des choses, laquele difficulté m'empesche entrer plus auant en matiere incogneue (comme j'ay dict a la langue latine.—Le roy François. Si est ce qu'ayant passé si auant, deuez tant insister sur la beste demy morte, que finissons ce passetemps ou discours par sa mort.—Budé.—Mais quoy, Sire, si vous estes si scrupuleux obseruateur de voz coustumes et termes de venerie, que ce soit grand erreur et honte d'y rien immuer, doy je en cela me hazarder, et encourir le blasme de sotise. Voiez, Sire, qu'en obeissant a vostre commandement, je n'entreprenne sur le mestier d'autruy. A quoy je doy bien aduiser regardant incontinent ou j'en puis tomber, si, par vostre grace et faueur, ne me permettez finir icy l'art commencé.—Le roy François. Je ne vous le permettray poinct, afin que ne vous trauaillez en vain : car pieça je vous poursuy, comme si estiez armé de toutes pieces, afin que ne m'eschapez au mylieu de la lice, comme l'on dict. N'espargnez donc en cecy vostre langue latine, que me souliez dire estre plus heureuse que nostre vulgaire, plus abondante, splendide et ornée : ce que vous m'auez maintenu souuent, et s'il est vray, n'y a lieu d'excuse : ains conuient que desploiez icy ses richesses ; veu que la venerie a esté cogneue et celebrée par les Latins et les Grecs.—Budé. Il est ainsy que vous dittes, Sire. Mais, si j'ay affirmé la langue romaine uniuersellement estre plus elegante et abondante que la nostre, pour ce, la françoise en aucunes particularitez ne laisse d'estre plus heureuse que la latine et grecque, comme en la description et traitté de cest art, ou se monstre presqu'autant heureuse et riche, que la grecque a traitter la philosophie; mais afin que ne semble a vostre majesté et aux assistans m'excuser indecentement au blasme de la langue latine que j'ay tousjours honorée, aydant la deesse Diane, je rentreray autrefois en la forest, par quelque bout que finablement j'en sorte.

J'ay dict parauant qu'on appelle le cerf rusé et malicieux qui sçait plusieurs moyens d'euiter la mort et de sauluer sa vie ; mais vous, nobles et illustres veneurs, ne l'appelez fin et cauteleux, comme les autres, ains courageux et sage, ayans ja faict plusieurs vocables proprde l'art,es usurpez du vulgaire, mais de plus elegante et pleine signification par les forests, quand sont prononcez auec contenance et vesture conuenable a la venerie qui leur donnent merueilleuse grace. Entre autres choses, il faict bon ouyr et veoir les questeurs faisans le rapport de leur queste en l'assemblée, et disans leur aduis de l'affaire par le commandement du seigneur, comme l'on faict souuent deuant vous, Sire. Ilz parlent peu, respondans seulement a ce qu'on leur demande, ne sont moins scrupuleux en la prononciation qu'estoient anciennement les histrions par les theatres, montez sur eschauffaux, deuant leurs emulateurs. La meilleure partie de leur parole et rapport consiste es signes, visages, gestes en la tardité et discretion. Ilz disent les cerfs estre fort courageux et aduisez et merueilleusement entendus en ce qui concerne leur salut, par l'incroiable astuce dont nature a doué cest animal, outre la celerité legere et deffense des cornes, jaçoit qu'auec tant et telz moyens ne puisse resister a l'art de venerie. Quand les cerfs se voient pressez par la vistesse et ardeur des chiens, ilz ont acoustumé de faire plusieurs ruses et horuaris, tournoians ça et la pour fuyr, en donnant le change : car, pour se defaire d'eulx, ilz vont chercher les biches, et autres cerfs communs a leurs reposées, se meslans en la harde : afin de deceuoir les chiens. Quelquefois aussy ilz amenent aucuns quant et eulx, et font marcher quelque espace de chemin; puis, quand ilz ont ainsy cheminé, ilz se separent soudainement, et destournent assez loin par quelque voye egarée, et s'arrestent, afin que les chiens suyuans ce pendant les pas des faons ou des biches, s'esloignent d'eulx. Et quand teles ruses sont surmontées par le sentiment des bons chiens experimentez, et auec l'ayde des veneurs, ilz cherchent autres moyens d'eschaper comme de reprendre leurs erres et routes, puis fuyr en plusieurs sortes et diuersement, voire le plus confusement qu'ilz peuent, et ainsy se forpassent en vistesse bien loin, toutes lesqueles ruses ilz trouuent contre le subtil flairement des chiens. Ce pendant donc que les chiens sont empeschez a la poursuyte de tels tournoymens et eschapatoires, les cerfs courent longuement, estant en ces entrefaittes l'auidité des chiens courans excitée par l'exhortation des trompes. Il m'a semblé quelquefois que j'ouyois corner les faunes et Diane, retindans les bois par les abbais des chiens et le son des trompes. Aussy le trauail des picqueurs es bois est allegé par les cris des chiens qui d'accord merueilleux remplissent toute la forest. Si ont acoustumé les cerfs pour trois causes (comme l'on dict) courir du costé d'ou souffle le vent. La premiere parce que quand ils vont au contraire, le vent entrant dedans leur gueule et nez, leur desseiche fort la langue et empesche l'yssue de leur haleine. La seconde est que fuyans aual le vent, ilz entendent aisément les cris des chiens, et par la cognoissent, s'ilz sont prochains ou esloignez d'eulx. La troisiesme, que, par ce moyen, ilz ostent le sentiment d'eulx aux chiens. Entre les exemples de cest animal cherchant par ruses saulver sa vie, j'ay trouué ceux cy dignes de consideration : l'on veoit le cerf se jetter en un troupeau de bœufs, et saillir sur l'un d'eulx, appuyé dessus par les jambes et espaules de deuant, courant assez longuement comme s'il estoit a cheual, touchant la terre auec les pieds de derriere seulement : afin de laisser aux chiens le moindre sentiment de soy et le plus incertain qu'il peult[1]. Sire, au regne du roy Loys vostre beau

---

[1] L'instinct de conservation qui pousse le cerf chassé par les chiens à se jeter au milieu des troupeaux pour faire perdre ses traces, a probablement donné lieu à cette fable.

pere, le grand veneur qui pour lors estoit, chassoit a six lieues de Paris, voulant donner plaisir a l'un des presidens de la court qui par amytié m'y auoit mené auec luy. Alors, estans tombez au propos de ces merueilleuses ruses des cerfs, il me souuient entre autres luy auoir ouy dire celle cy : Comme (dict il), je chassois nagueres un cerf d'aage et rusé, il aduint en l'ardeur de la chasse assez longuement continuée, que le perdismes de veue, et toutefois les chiens ne vouloient passer outre, ny reprendre leurs erres; tous s'esbahissoient, consideroient, s'entregardoient, faisoient ce qu'ilz pouuoient veneurs et picqueurs. C'estoit merueille, et comm'enchanterie, que la beste eust esté eleuée en l'air, ou que la terre s'ouurant puis resserrant l'eust engloutie, ou qu'elle eust peu euader les yeux de nous et des chiens. Finablement comm'il eschoit en tel cas, aduisans a tout ce que pouuions, ce cerf rusé fut descouuert par aduanture merueilleuse. Il y auoit la une espine blanche eleuée en lieu espois et couuert, creue a la haulteur d'un arbre, sur laquele le cerf, consommées toutes ses ruses, en saultant s'estoit jetté, et la demouroit en l'air, ayant escorché les branches par son sault : telement enuelopé qu'il n'en pouuoit sortir, ou par ce qu'il estoit hors d'haleine : d'autant que comme las et mal mené il y fut tué, meritant pour tele merueille de ne mourir encore, s'il eust pleu a Diane luy delayer la mort.—Le roy François. Ceste beste est pleine de semblables ruses : telement qu'elle deçoit les chiens pour sages et bien sentans qu'ilz soient, et esbahit les veneurs maistres et varlets, en sorte qu'ilz ne sçauent ou ilz en sont. Quand cela aduient, nous disons qu'il est en deffault. Et, s'il ne comparoit au mesme temps, on le requeste le lendemain de bon matin auec le meilleur chien et de plus hault nez, n'omettant rien qui appartienne à l'art, afin que le cerf rusé n'eschappe.—Budé. Je l'appellerois plustost chameleon ou protée, puis que la nature auec les autres moyens luy a donné tele astuce variable de se sauluer.—Le roy François. Jaçoit que ce protée se tourne en tant de formes, si de nuyct il ne fuyt bien loin, il ne se sauluera jamais le lendemain des chiens, encore que las et eschauffé il gagne la riuiere, et descende aual le cours d'icelle, comm'il faict souuent, pour se refraischir, ou qu'il la trauerse afin de rompre le cours des chiens, ou qu'estant poursuyui longuement, il ayme mieux perir en l'eaue qu'estre dechiré.

L'opiniastreté des chiens est merueilleuse, et cruelle la destinée de ceste beste quand extremement lasse, elle se laisse enclorre de toutes pars par les chiens, et rend les abbais; ou souuent,

aprez auoir employé tous les moyens de se sauluer, elle saulte soudainement, et jette auec sa
corne sur le premier veneur que trouue, si on ne
l'enferre soudainement. Ce faict, ou si autrement
elle est lasse et n'en peult plus, alors doit estre cor-
née la retraitte par le premier qui se rencontre a
sa deffaitte, afin de ramasser les chiens, et assembler les veneurs et picqueurs espars ça et la. Qui
est comm'un cry de joye, ou huée aprez la chose
bien et heureusement faitte. Aprez, suyt la curée
qui est comme une soudaine reueue des entrailles
de la victime offerte a Diane. Laquele apartient
aux chiens de chasse, ainsy qu'en la faulconnerie
les primices de la prise sont deues aux oiseaux de
proie. Il fault que le commis a faire la curée soit
expert en cela, et sache bien despouiller la beste,
la couper membre a membre et partir. La peau
ostée, il fault couper la teste, et la donner au
lymier qui a faict la queste, pour son droict;
lequel a ceste cause nous auons souuent appellé
questeur : car il a ainsy pleu a noz predecesseurs
de luy donner teles primices de son indice; afin
qu'en dechirant et rongeant la teste, il reçoiue le
fruict de son labeur auant tous, et aye a l'aduenir
meilleur courage, puis que par sa guide et conduitte, les autres sont venus a chef de l'entreprise,
en le caressant de parole, comme si on le louoit

par sa vertu et industrie. Semblablement conuient faire le deuoir aux autres lymiers et chiens de moindre valeur. Appellez donc tous les veneurs, et tous les chiens de la meute amassez : l'on a acoustumé de faire ainsy la repeue. Les veneurs prennent des lopins de pain qu'ilz trempent dedans le sang du cerf, puis les mettent sur la peau, auec lesquelz ilz meslent de la gresse decoupée menu ; davantage si les chiens sont langoureux ou maigres, ou ont tres bien faict ce jour, les veneurs, de grace et liberalité, les traittent mieux, y menuisans du col et des espaules. Ces choses faittes par ordre, et dressées par le veneur, alors commencent les chiens a repaistre s'esjouyssans auec cris : car parauant et ce pendant qu'on leur faict cest aprest, on les tient attachez a l'entour, et par les varlets sont empeschez a coups de houssines, d'approcher. Ceste repeue faitte s'en faict a l'instant une autre mais non en mesme lieu, des intestins nettoiez et lauez, lesquelz sont aussy deuouez a Diane et a ses chiens, non taillez par lopins ou decoupez, ains entiers : en sorte que le veneur qui faict la curée, aprez les auoir leuez en hault, et monstrez aux chiens pour leur en donner plus d'appetit, il les jette incontinent au mylieu d'eulx. En ces entrefaittes tous les veneurs, picqueurs et varlets de chiens doiuent corner la prise en la maniere susditte, aprez que le cerf est venu en leur puissance. Les veneurs usent de diuers sons de trompe selon la diuersité des choses que veulent signifier. Quant aux questeurs, ilz n'usent d'aucune voix ce pendant qu'ilz sont en la queste, afin que ne s'entrefacent faillir, ou plus esloigner en questant quand il se fault retirer; mais, le premier d'entr'eulx qui par fortune decouure et enceint a propos le cerf, corne la retraitte pour faire assembler les autres. Si est la venerie ordonnée de tele sorte, ou casuellement dressée, qu'il y fault user de prompt et present conseil : comme si l'on a remis la chasse au lendemain, et que le cerf ne puisse estre arresté en certain lieu ; ou celuy qui est destiné a la queste, n'a reposée certaine, s'il est craintif et aisé a estonner, qui se repose sur jour, et prenne plaisir a changer de giste. Pourtant que ceux qui ont esté nagueres chassez, s'estonnent a tout bruyt, et n'arrestent gueres en place; il en y a d'autres lesquels excitez en leurs gistes, se mettent incontinent a courir, n'allans et venans autour de leur reposée, comme font la pluspart des cerfs, ains prennans tousjours les droicts chemins. En ce cas, incontinent que le gouuerneur des chiens s'en aperçoit, sonne hautement la trompe afin que ceux qui sont aux relais, et tous les autres veneurs et varlets se retirent entendans que le cerf a changé de lieu. Es autres cas precedens l'on corne pour decoupler les chiens par les voyes de la beste, incontinent qu'elle est trouuée.

Voila, Sire, que j'auois a diré en langage latin de l'art aujourd'huy beaucoup estimé, et qui par vostre conduitte est eleué au plus hault de sa perfection. Mais je ne sçay comment admirant quelque fois la variété de cest art et de ses termes (dont il souuient plus a vostre majesté que ne vouldrois), et m'eussiez demandé s'il pouuoit estre escrit en latin, moy, qui attribue beaucoup a l'erudition latine, je vous respondi en tele maniere : Sire, disois-je, en cest exercice, et plusieurs autres que les siecles nouueaux ont produict, il y a encore grande faulte de termes latins qui representent en l'usage du jourd'huy la pureté de l'antiquité, et soient receuables entre ceux qui font profession de parler plus elegamment, comme desirent estre, et ont commencé faire presque tous les sçauans. Toutefois, a mon aduis, l'utilité de la langue latine est si grande, l'usage si frequent de ses translations et tant signifiant; elle est si traittable et maniable, que l'on en peult tout esperer, si, comme l'on s'est appliqué ardamment à l'estude des lettres grecques, l'on entend aussy a ceste affaire. Ce qui aduiendra s'il y a loyer digne proposé auec couronne qui ne soit honorable et royale seulement tele qu'auez deliberé donner aux lettres plus exquises (ainsy que pensons que ferez, croians a voz paroles et promesses), mais aussy civile et populaire : car, incontinent que les lettres seront telement quelement honorées, les entendemens se mettront en auant, a ce pieça disposez. Ayant donc n'y a pas longtemps faict tele response a vostre demande, je me suys ingeré mettre ce propos en auant, auquel je ne pourrois plus satisfaire, s'il estoit continué plus longuement, si est ce que j'auois deliberé retirer quelque veneur en ma maison pour apprendre de luy les termes de ces choses et autres semblables et m'en ayder au besoin, si je pouuois m'accommoder a tous temps, comme parauant; mais peu nous ayde au recouurement des mots que cest art ayt esté cogneu et exercé par les anciens Romains et Grecs : car, ce que Xenophon a escrit en grec de la venerie, sert seulement a ceux qui prennent les cerfs, biches, faons et autres animaux par laqs, pieges, rets ou filets. Certes Cephale, Esculape, Nestor, Pelée, Meleager celebrez par la poesie d'Homere, et tous les disciples de Chiron, que la renommée a illustrez comm'excellens veneurs, n'eleuerent oncques cest art a tele grandeur et magnificence qu'elle est paruenue en vostre regne, d'autant que ce passetemps est aujourd'huy faict auec plus grande parade et suyte, qu'il n'estoit jadis : n'en cognoissans encore les anciens, l'elegance et exercice, comme l'on peult conjecturer par les autheurs qui en ont escrit. Dauantage la faulconnerie qui est maintenant tant desirée et tant plaisante, n'a esté cogneue par l'antiquité. Dont je m'esmerueille, veu qu'elle est pour le present si artificielle, que les herons et millans cachez dedans les nuées, ne peuuent eschapper les mains des hommes : ains telz oiseaux de hault vol sont combatus par ceux de proie en l'air, a la veue des faulconniers crians en ce conflict cruel et mortel et comme leur commandans; tant sont diligens les hommes a dresser les faulcons, a les instituer et accommoder a ceste haulte chasse, et les rendre a eulx obeissans.—LE ROY FRANÇOIS. Jaçoit que ne saultiez du coq a l'asne, comme l'on dict; qui parlant de l'une exercice de noblesse estes passé en l'autre sa prochaine, je vouldrois neantmoins que vous arrestissiez encore un peu en celle dont parlons, qui m'a jusques icy plus pleu, a cause de l'exercice du corps : combien que j'aye assez diligemment suyui et prattiqué la faulconnerie, et maintenant par recreation seulement regarde volontiers les oiseaux de proie voler es campagnes et es marez[1], qui me semble estre

---

[1] Marais.

plustost quelque chasse haulte et volante qu'oiselerie ou prise d'oiseaux. Si est ce qu'en l'un et l'autre passetemps nous ne regardons tant a la prise et proie, qu'au plaisir des oreilles et des yeux : car, ainsy qu'en la chasse des forests nous donnons aux cerfs tous les moyens de fuyr librement, ainsy, en la haulte et aerienne, ne prenons prez de terre les millans et herons, ny les arrestons en plus bas vol, ou surprenons au despourueu : ains par maniere genereuse laschons premierement un oiseau foible qui les esmeuue et face leuer, tenans ce pendant sur le bras senestre les faulcons couuers de leurs chapperons, que ne laschons poinct que la chasse ne soit plus eleuée en l'air. Mais par ce qu'auez discouru cy deuant, il ne m'appert encore, si vous auez appris cest art par le rapport d'autruy, et a l'ombre, ou si vous vous estes trouué es forests auec les veneurs a la poursuytte des bestes : ce que ne persuaderez jamais a ces gens icy, si de rechef vous ne reprenez le commencement de la chasse du cerf, et leur recitez clairement l'ordre et conduitte du passetemps; car vous auez commencé parler de la venerie en tele sorte que nous autres veneurs semblions en noz questes suyure indices plus certains, que vous messieurs les escriuains ne faittes en voz compositions. La cause est que vous estimez les voies de Diane pour difficiles

et meslées qu'elles soient, estre moins subjettes a erreur, que les methodes ainsy par vous appellées de vostre Minerue. En quoy deuiez aduiser que ne vous deceuez, qui attribuez tant au nez des chiens, et a l'astuce des veneurs. Et si seray bien aise d'ouyr nostre Diane forestiere et montagnarde, fort esloignée des villes et du commerce des lettres, parler autre fois latin que ne pensois aduenir.
—Budé. Sire, en tant qu'il me peult souuenir, ou que j'ay esté spectateur et arbitre de tele chose, où que l'aye entendue et apprise du dire d'autruy, le veneur intendant de tout ce passetemps, auant que decoupler les chiens courans, il peult telement ordonner tout l'acte, mettant en lieux conuenables les seconds et tiers relais, qu'il aye plus de confiance en son industrie, et docilité des chiens pour prendre non sans trauail et sueur la proie, que nous autres commencans noz compositions ne pouuons attendre de nous mesmes : car, difficilement il aduient que puissions auoir toutes choses disposées, et que leur lyaison et structure responde a l'attente des hommes, ou consiste la fin de noz labeurs. Mais les veneurs a la similitude des vaincueurs es jeux olympiques par clameurs, cris, sons, publient et celebrent l'yssue de leurs chasses. Et si noz actes sont arrestez et ombrageux, les vostres mouuans et pouldreux : pour ce les nostres ne

sont moins turbulens et trauaillent moins l'esprit;
mais le plaisir est grand es deux, quand ilz sont
bien et a propos dressez, ostant quasi egallement
le sentiment du grand trauail qui y est. Toutefois
en ce que me commandez rentrer es forests, des-
queles suys sorti, et m'y fourrer bien auant, je
crains si perseuerez en ce commandement, que
n'en puisse autre fois yssir[1] hors; tant elles sont
rudes, espoisses et couuertes. Ou si l'elegance du
latin se trouue paoure et quasi espuisée, comment
en eschapperay je, et la pourray sans note de temerité abandonner : car, ce qui me la faict mettre
une fois en lieux aspres, et a elle inaccessibles, a esté
non seulement vostre jussion royale et authorité,
mais aussy vostre doux regard plein de grande
humanité, et donnant asseurance, assisté de vostre
parole gracieuse : lesqueles choses m'y ont tiré par
force, me prenans au despourueu, sans preuoir ou
j'en pourrois tomber; et si pense que je vous semble auoir mis en auant un amas confus de la venerie, et n'en auoir bien parlé par ordre. Auquel
inconuenient si je tombois autre fois, je ne sçay
comment je pourrois euiter la note d'insolence ou
le blasme de sottise.—Le roy François. Prenez
courage, Budé, car l'art de venerie est de sóy libe-

---

[1] Sortir.

ral, et l'amenité de la forest en laquele nous pourmenons, vous fournira abondamment matiere au propos present.—Budé. Je reprendray donc autre fois le propos, ce que je soubhaitte succeder heureusement a mon aduantage et de tout le nom latin, induict a ce faire par l'asseurance de vostre humanité, et faueur non moins propice en cela que la puissance du dieu Mercure, et y rentreray peu a peu, afin que ne me heurte a quelques estors couuers, ou blesse par les forts espois, en quoy, par vostre mesme humanité je requiers estre excusé du vice d'ignorance, si je parle moins exactement de cest art : duquel je n'appris oncques les rudimens ou commencemens.—Le roy François. Tant beau que vouldrez, pouruen que ne vous faignez poinct : car je ne veulx pas que soiez trop superstitieux et curieux obseruateur de la majesté du langage latin, d'autant qu'il conuient s'enhardir comme vous dittes quelquefois, si l'on veult accommoder la latinité renouuellée aux affaires du jourd'huy, et choses recentes.—Budé. Je le feray, Sire, autant diligemment qu'il me sera possible, voire si le cas requiert, je m'eshonteray un peu, afin que ne semble par maniere d'acquit (comme l'on dict) seruir a vostre volonté, et obeir a vostre commandement.

Or exposeray je simplement et sans exorde ceste

partie, que je proteste m'auoir esté enjoincte par vous et non l'auoir requise. Je passeray les essais ou preludes de l'art. J'omettray les manieres de commencer la chasse, et toutes les gentillesses par lesqueles les maistres veneurs rendent l'entrée du passetemps spectable. Je ne diray poinct qu'en la chasse du cerf il fault user d'acoustrement verd, et en celle du sanglier de brun ou gris ; qu'il conuient estre vestu en certaine façon auec l'espée et cousteau pour les cas suruenans a l'impreuue. Trois courtaux[1] ou deux pour le moins en un jour, legers et de bonne bouche, afin de les changer et refraischir. Je ne raconteray les enseignes et marques du veneur, non les choses qu'il porte, non ses instrumens. Je ne toucheray les especes des chiens, formes, nature, nourriture, institution, les signes pour discerner les bons des mauluais, manieres de chastier les caqueteurs et saffres[2]. Au moyen desquelles choses l'œuure commandée par vostre majesté, qui n'est mediocre, pourroit par additions croistre grandement. Je tairay aussy que comme les pedagogues sont donnez aux enfans de maison, ainsy estre baillez maistres et conducteurs aux chiens genereux, pour les dresser et gouuerner.

[1] Chevaux dont on a coupé la queue.
[2] Gourmands, gloutons, voraces.

PREMIEREMENT donc (comme j'ay entendu) aprez l'assemblée faitte et conseil tenu sur la mort du cerf, les veneurs estans arriuez au lieu de la queste, celuy qui pour ce jour a l'intendance de la chasse et gouuernement des chiens, auant que les decoupler, il regarde ou il mettra les plus grands et plus legers pour le cerf, qu'on appelle neantmoins vulgairement leuriers. L'institution et usage de cest art a receu, que les mieux courans soient mis par relais en lieux couuers par les costez ou courra le cerf. Ceste course doit estre dressée vers quelque lieu descouuert de la forest, et quasi sans herbe, comme la nature et disposition des lieux se rencontre, ou il est vraisemblable que le cerf passera : d'autant que la voie tend a quelque riuiere ou autre refuge, ou a la reposée cogneue et agreable au cerf, ilz disent estre conuenable d'ordonner trois relais doubles; et qu'en chacun y ayt six leuriers, trois de chacun costé, afin que le cerf passant par le mylieu soit atacqué de part et d'autre. A chacune sixaine doyuent estre assignez deux varlets qui tiennent les chiens en tiltre[1], jusques a ce que le cerf passe; et alors les chiens par eulx decouplez sortans comme d'embusche, se ruent au despourueu sur le cerf estonné.

[1] Laisse.

Quelquefois deux suffisent si la voie de la course est plus estroitte et longue et que le cas requiere plus de relais. Si doit estre ordonnée la course en lieu choisy et le plus descouuert qu'il est possible, attendu que le passetemps se faict pour le plaisir de quelques dames ou seigneurs, qui ne peuuent courir par la forest, ou suyure les erres du cerf. Les chiens plus legers doyuent estre cachez au premier relais, puis les autres moins legers, tant que les plus robustes et cruels soient au dernier : ce qui est ainsy ordonné afin que les plus legers par leur vistesse trauaillent le cerf, puis les seconds succedans et suruenans aux premiers, les tiers aux seconds, s'il y a trois relais, le rendent las et hors d'haleine aux derniers, s'il vient jusques a eulx et eschappe les meutes susdittes. Ceste meute ne doit estre au derriere comme les autres legeres, ains opposée a la beste, par ce qu'estant robuste et feroce elle la peult arrester et retenir par morsure, et la donner a dechirer aux autres a leur aise. Si n'est tout varlet propre a ceste charge : car, si les chiens courans ne sont decouplez a propos et conuenablement, incontinent la beste se doubtant de l'embusche, et fuyant reculera, ou impetueusement saillira du lieu ou elle est resserrée[1], si elle

---

[1] Réfugiée, rasée, en termes de vénerie.

trouue par ou passer, ou rompra sa course. Que si elle le faict, jamais il ne sera possible de la reduire en la mesme erre, ny faire qu'elle y mette la teste seulement. Afin qu'ainsy n'aduienne, l'on ordonne des picqueurs es deux costez, lesquelz incontinent que la beste est lancée, la doyuent de part et d'autre par cris et courses estonner, que ne sorte de sa voie, mais finablement tombe en son dernier et fatal encombrier, ayant perdu tout moyen d'eschapper, a cause des chiens qui la pressent et molestent asprement. Dauantage l'intendant sus dict de la venerie doit ordonner en lieux conuenables, chiens courans pour venir au secours de la queste, et y commettre gens. Pour ce, sont ordonnées les meutes des chiens reposez que vous appelez relais : qui succedent aux laissez ou deuoiez, et, par nouuelle chasse, acheuent de ruiner le cerf. Donques les secondes et tierces meutes de chiens courans sont pour ceste cause ordonnées, afin que si l'affaire vient jusques aux subsidiaires, la chasse soit par eulx renouuelée. Mais il fault bien prendre garde que ces chiens subsidiaires ou auxiliaires, ne prennent incontinent le derriere pour le deuant : qui seroit une lourde faulte, et mauluais presage. Quand donc l'intendant et arbitre de la chasse aura mis par bon ordre les choses susdittes, et comme rengé les esquadrons de ce conflict, il retourne au lieu d'ou il fault decoupler les chiens, et le cerf leur doit estre donné et lancé. En quoy ilz se conduisent de tele sorte, qu'au commencement de la chasse, ilz usent d'exhortemens plus moderez enuers leurs chiens, parce qu'alors ilz ne sont que trop ardans d'eulx mesmes, et aspres. Le veneur donc les doit assembler doulcement, et permettre suyure certaines routes ; mais, incontinent que le cerf s'est esloigné et commence a tournoier, faisant ses ruses, il a acoustumé de retourner par ses erres, se souuenant de sa reposée qu'il a laissée, et en cherchant le plaisir : mais aprez qu'il veoit ne la pouuoir recouurer, sans le peril eminent de sa vie, il la laisse s'arrestant souuent, et change de lieu a regret. Quelquefois aussy aprez auoir couru longuement par la forest, il faict a son aise plusieurs ruses. L'office du veneur est de suyure le plus prez et le plustost qu'il peult les chiens de la meute, et picquer droict par les erres et voyes que tiennent a la course du cerf. Et s'il est empesché par lieux raboteux et montueux, il doit en tournoyant et se destournant, en la plus grande diligence qu'il est possible aller au deuant des chiens, et contre le vent, puis reprendre sa course entrerompue ; et, s'il n'a deuant ses yeux sa meute, il ne pourra corriger leur faulse course. Mais quand il entendra les chiens se taire ou rendre voix incertaines et ambigües, il doit craindre la ruse du cerf, ou que les chiens qui le suyuent soient deceuz, qu'ilz n'ayent leur droict et pris le change, laissans le grand cerf pour quelque vulgaire. Pour s'en asseurer, la coustume est de corner la retraitte, et a haulte voix crier arriere arriere deux ou trois fois. Voicy comment il cognoistra si les chiens ont faict le change du cerf ou non : qu'il s'arreste quelque part, d'ou il puisse considerer les chiens allans et venans ; car, si la ruse du fuyart est cause de leur soudain silence, tout le reste des chiens s'esbahira de mesme sorte. Mais si le change est faict par leur temerité, les maistres des chiens en ce experimentez ne poursuyuront le change auec chiens nouueaux, parce que les autres abandonnent difficilement la proie qui leur est une fois destinée. Donques la faulte cogneue, le veneur sonnant de la trompe les retirera arriere, en lieu d'ou ilz pourront plus certainement reprendre leur droict ; ou si l'erreur est aduenue par la ruse de la beste, il les remettra au train de leur vraye course, qu'ilz auoient laissée pour se destourner a la faulse. Voicy encore une autre incommodité qui les fasche souuent, et les faict faillir au commencement : les chiens ainsy deceuz par erreur ou par malice, et remis a leur droict tombent autrefois en faulte plus grande, retournans chasser derriere les passées du fuyart, et fouruoient par toute la forest; quelquefois sont transportez ça et la, suyuans les pas des bestes communes, ou de tous cerfs indifferemment, dont les routes et voyes des bois sont pleines. Auquel cas il est besoin que le veneur soit aduisé et clair voiant, et que d'a cheual, ou mettant pied a terre et le menant par la bride, il obserue les alleures de la beste fuyante. Autrement les maistres de l'art l'estimeront ne faire son deuoir par lascheté : car, comme au chien est requis un sentiment de vautour, ainsy est necessaire au veneur la veue d'aigle. Quelquefois aussy les pas d'un mesme cerf appuyant maintenant sur toute la sole, maintenant sur la pince et les costez, ou quand il est en son lict et reposée, ou qu'il va de vistesse, ne sont tousjours mesmes, pareilz ou semblables, ny de semblable oudeur : dont naist autre difficulté, et erreur non moindre. Il aduient aussy que le cerf choisy trouuant quelque voye pouldreuse et orde, court beaucoup et longuement par icelle. En quoy la sagacité des chiens auec leur experience est deceue, car ilz cuydent que le cerf ayt euité la voie par ou les hommes vont, et s'estre retiré a l'escart en quelque fort, et pourtant se despartent du chemin battu : joinct qu'il y a peu d'oudeur en ces lieux clairs, secs et pouldreux, veu que l'ardeur du soleil tire et consomme incontinent toute l'humidité et fraischeur, ou demoure l'oudeur du pas. Au contraire es lieux herbeux, et entre les ronces les pas sont plus sentans : ce qui n'aduient par le seul attouchement des pieds, mais aussy des jambes et du corps. Mais es lieux couuers l'oudeur se garde mieux. Il y a par les forests des lieux descouuers pleins d'herbes seiches et d'arbrisseaux picquans, que les bergers bruslent, afin que par la chaleur y vienne plus d'herbe utile au bestial : quand le cerf passe au trauers de ces bruslis noueaux, les chiens empeschez par la fumée, et esternuans souuent, laissent la queste; et encore qu'ilz y perseuerent, n'en peuuent auoir sentiment, a cause de l'oudeur de la fumée qui leur debilite le flairement, et est plus forte. Le veneur en tel endroict doit aller au tour, puis recouurer sa droitte voie, et reprendre la chasse si le cerf ne rebourse chemin. Et ou il y a plus de doubte, il le doit faire requester par son lymier : qui en donne tres certaine cognoissance, non par la voix ains par le butement et remuement de sa queue et en jappant. Le gouuerneur de la meute a acoustumé en tel cas quand la beste est en deffault par malice et reculement, de rappeller a son de trompe les chiens errans, les compagnons, varlets de lymiers, et autres aydes : qui est ce que vous appellez corner la requeste. C'est comme qui diroit en termes de prattique, poursuyure le cerf autre fois, et le charger de dol, le declarant en deffault. Alors il est bon de refraischir les chiens las et trauaillez de chaleur, qui ne peuuent plus chasser, et les mener prez quelque fontaine en leur donnant du pain et de l'eaue, puis les remettre en courage sonnant de la trompe, et, par caresses et applaudissemens les exciter a recommencer la chasse de nouueau. La coustume des cerfs est, quand ilz se sentent fort trauaillez, que vous dittes rudement menez, de laisser le couuert des bois, et se jetter en la campagne; quelquefois aussy d'aller es bourgs et villages : ce qu'ilz ne font gueres, si non quand ilz perdent le cœur, et qu'ilz n'ont plus d'esperance en leurs autres refuges. En ceste maniere il eschappé souuent aux chiens; mais, es campagnes plaines et es terres arées[1], en friche ou defrichées, la trace des pieds n'a semblable oudeur (comme j'ay dict parauant), qu'es buissons et taillis : car il y demeure peu de sentiment de la sole et ongle, par ce qu'il n'y a touchement des jambes ny du corps. Mais es champs nouuellement arez y a plus de difficulté pour les chiens, par l'oudeur de la terre remuée. Adonc le

[1] Labourées.

veneur diligent et soigneux doit obseruer les pas es lieux mols, et resjouyr les chiens trauaillez, renouuellant leur ardeur et impetuosité par cris et huemens de bois. Si est l'astuce du veneur et habileté des chiens que vous appellez sagesse autant estimée a redresser les deffaux et corriger l'erreur des courses, qu'en nulle autre partie de la venerie. Se trouuent deux manieres de deffault, l'une quand le cerf choisy et destiné a la chasse du jour present, met au deuant des chiens qui le suyuent, son escuyer ou quelque autre grand cerf, afin qu'il moure pour luy, puis se destourne, et cauteleusement fuyt. Auquel cas le veneur expert et aduisé n'est gueres deceu, pourueu qu'il prenne garde aux chiens passans, ou entende seulement leur voix : car il doit cognoistre les voix de tous, mesmement des principaux de la meute, et qui ont meilleur nez. C'est ce que vous appellez en langage de bois, cognoistre la gorge et course de chacun. L'autre maniere est, si le beau cerf qui a mis en chasse et en danger le premier trouué, ou son escuyer, se met a fuyr auec luy : ce qu'il faict aucunefois, afin d'esbahir plus et empescher les hommes et les chiens. J'ay entendu par les maistres de l'art y auoir deux signes de ceste ruse, obseruez par eulx : si les lymiers estans fideles et ne crians poinct en vain, arrestent incontinent, telement que semblent ne vouloir passer ny repasser, ains demourer en la trace; ou s'ilz monstrent le faire laschement et sans esperance : et pour ce n'abbayent plus, comme ayans desplaisir d'estre surpris, et ayent honte de passer outre en vain a l'obscur. En cela, il est besoin d'auoir homme de prompt aduis et bien experimenté es ruses de chasse, qui soudainement en oppose d'autres. Finablement le cerf las et mal mené, employées toutes ses ruses et moyens de se sauluer, a acoustumé (comme dict est) de chercher quelque riuiere, ou estang et saillir dedans : ce qu'il faict quelquefois pour se refraischir, quelquefois aussy pour sauluer sa vie comme au dernier refuge, et pour ce souuent n'en peult estre jetté qu'il ne soit pris. Estant la descendu il nage maintenant contre mont, maintenant aual le coure de l'eaue. Le picqueur y arriuant vistement, doit regarder premierement par ou le cerf y sera entré, et le marquer auec une branche rompue qu'il mettra a terre ou pendra a un arbre. Il n'est ja besoin de parler de ce qu'il conuient faire aux costez de la riuiere; comment le cerf nageant doit estre lancé, et sortant de l'eaue poursuyui, s'il passe de la ou retourne deça. Donques ayans tiré le cerf de la forest en la riuiere, et mené comme un criminel au lieu de son dernier supplice, nous sommes paruenus a la fin de l'acte premierement comique, puis tragique et capital.

Le roy François. Vous auez commencé ceste histoire ou commentaire de venerie, presque en la mesme maniere, que j'ay entendu Homere auoir commencé la guerre de Troie, ou que cela soit aduenu fortuitement, ou que l'ayez faict tout a propos pour quelque cause idoine, comme a faict ce grand autheur. Ou plustost comm'il me semble pour dresser un abregé des mots de tant de choses. Si vous auez suyui ce conseil, voiez quel profit en reuiendra : car je pense qu'en desploiant les richesses de vostre langue, a regret et illiberalement, vous ayez payé la debte de ce qu'auez emprunté a gros interest. Je croy que n'ignorez les autres parties de l'art, puis qu'entendez les susdittes, si est ce que ne vous presseray poinct d'en venir jusques a l'extremité, si de vous mesme ne le voulez faire. Vous regarderez s'il y a plus rien, ou s'il reste quelque cas de l'œuure a vous commandée, ou la langue latine puisse faire quelque preuue de soy. Car il me semble que vous entendez toute l'affaire.—Budé. Je ne l'ay touchée que par dessus.—Le roy François. Vous l'auez assez cogneue, et suffisamment comprise, pour un homme versant continuellement en autre profession.—Budé. Si est ce, Sire, que je crains fort, qu'en si peu de poincts par moy touchez, ne me soient eschappées beaucoup de paroles indiscretement, en m'ingerant parler trop auant de l'exercice royale, et plaisir de venerie : a quoy faire j'ay esté incité par l'attrayt de vostre humanité. Et si par vostre commandement j'estois contrainct venir aux accessoires et additions des propos susdicts, je craindrois tomber de la difficulté en laquele j'ay paraduanture indecemment trauaillé, en faulte de paroles : car qui pourroit exprimer en anciens et bons termes, les sommaires des choses que vous expliquez abondamment et euidemment, signifiées auec grande elegance de langage? Et pourtant que les grands et beaux cerfs sont principalement recommandez par les cornes, je prendray exemple de ceste partie, afin que par la on puisse conjecturer en general de vostre parler. Premierement ce que les cerfs jettent tous les ans, et aprez l'auoir jetté se recelent, et n'osent monstrer par la honte qu'ilz ont d'auoir perdu leur force et beauté : vous ne l'appellez corne, comme les Latins, ains teste, voulans signifier par la, l'honneur de la beste. Et quand les veneurs en veulent declarer la beauté, disent qu'elle est bien née, rengée, et ordonnée; que le merrain sort conuenablement de ses meules, dont le tour est large et gros, bien pierré, et prez du suc de la teste; la perche grosse deument brunie et perlée, estant droitte, sans estre tirée des andouilliers; les goutieres grandes et larges. Si le premier andouillier est gros, long et prez de la meule, le surandouillier assez prez du premier, s'eslargissant un peu plus au dehors de la perche, les cheuilleures sont proportionnées a la forme de la teste; la trocheure paulmeure et couronneure grosse et large, selon la grandeur et grosseur de la perche; si les espois sommez au dessus doublent ensemble en la couronneure, ou paulmeure : tele variété de termes, et autre plus grande a esté trouuée par noz ancestres pour representer ceste beauté de la teste du cerf. C'est merueille comment cest animal se despouille ainsy par chacun an et reuest en peu de mois, recouurant entierement le merrain perdu parauant; comment aussy il emmaigrist en hyuer et durant le rut, puis vers le mois de may il engraisse, sortant des forts ou il s'estoit caché, pour faire sa reposée en quelque beau lieu, prez des gaignages, afin de viander plus conuenablement, et recouurer sa beauté et venaison. De rechef vers le xviii de septembre il entre en rut, cherchant les compagnies des biches. Auquel temps si on le veult chasser, fault muer la maniere de quester : car il ne conuient commencer par les enceintes et cernes acoustumées, pourtant qu'estans enragez du rut ils assaillent cruellement les hommes et chiens, quand les aperçoiuent. L'on appelle le crier qu'ilz font alors, rere, par voix faincte [1]. Le veneur les ouyant rere au matin aual le vent, cognoit par la voix, s'ilz sont de dix cors, ou autrement de grandeur a estimer ; et, approchant les chiens de la meute, commence la chasse par son lymier, auec lequel il va quester, comme es autres chasses. Ilz sont par l'espace d'un mois fort chaulx des biches, puis leur chaleur et rage diminue peu a peu en l'autre. Par ceste vicissitude ilz deuiennent ores flachs, maigres, et langoureux, puis se portent mieux et engraissent ; ores ont cornes et vont les testes leuées, ores n'en ont poinct, et sont desarmez, et comme honteux. Les sangliers aussy (comme j'estime) enuiron le mois de decembre vont au rut, suyuans les femelles chauldes, et alors endurcissent leur peau de sorte qu'elle peult resister a l'espieu. J'auois presqu'omis un poinct necessaire au veneur, a ses picqueurs, aydes, et varlets : qu'ilz sachent les lieux plus notables des forests, et les compagnies des bestes ; tiennent en leur memoire les routes, voyes et carrefours des bois, ne plus ny moins que les faunes et syluains ; cognoissent leurs des-

---

[1] *Rere par voix faincte* (per vocem fictam), c'est par onomatopée ὀνοματοποιία, (fictio nominis.)

tours, circuits, addresses, acourcissemens, coings, eschappatoires, conduicts, yssues par deuant et par derriere : ce qui m'a semblé tousjours tres difficile, mais vous est tant facile, que je vous en ay ouy beaucoup admirer entre autres choses par les grands veneurs, et gentilz hommes de la venerie : vous disans si duict en cela, que cognoissez les bois et forests ne plus ny moins que ceux qui demourent dedans, aprez les auoir veues en chassant deux ou trois fois seulement : jaçoit qu'ayez desja couru presque toutes les forests de vostre royaume tresbien fourni de bois. Et quant aux principales forests, esqueles hantez plus souuent, que n'en cognoissez seulement les coupeaux qui y sont insignes, les eaues, les abbruuoirs, gistes des bestes, et habitations des nymphes, mais aussy tenez promptement en vostre esprit les naïades mesmes, oreades, et hamadriades plus illustres. Mais il est doresenauant temps, Sire, que je sorte des forests ombrageuses, et aprez si grande digression, retourne au propos principal.

FIN DU TRAITTE DE LA VENERIE PAR BUDÉ.
[Extrait du *De Philologia*]

ACHEVÉ D'IMPRIMER

POUR LA PREMIERE FOIS, LE XV JUILLET MDCCCLXI

PAR BONAVENTURE ET DUCESSOIS

POUR

A. AUBRY, LIBRAIRE

A PARIS

ERRATUM.

Page 17, lignes 6 et 7.

Au lieu de : ayans ja faict plusieurs vocables *proprde l'art, es* usurpez du vulgaire,

Lisez : ayans ja faict plusieurs vocables *propres de l'art,* usurpez du vulgaire.

www.ingramcontent.com/pod-product-compliance
Lightning Source LLC
LaVergne TN
LVHW050557090426
835512LV00008B/1202